AF088132

air

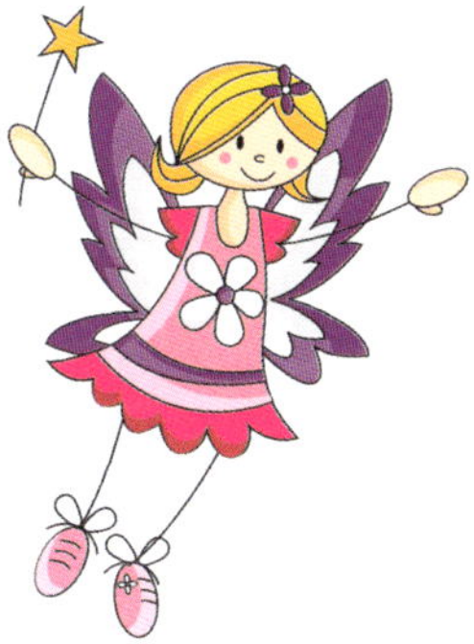

Ransom

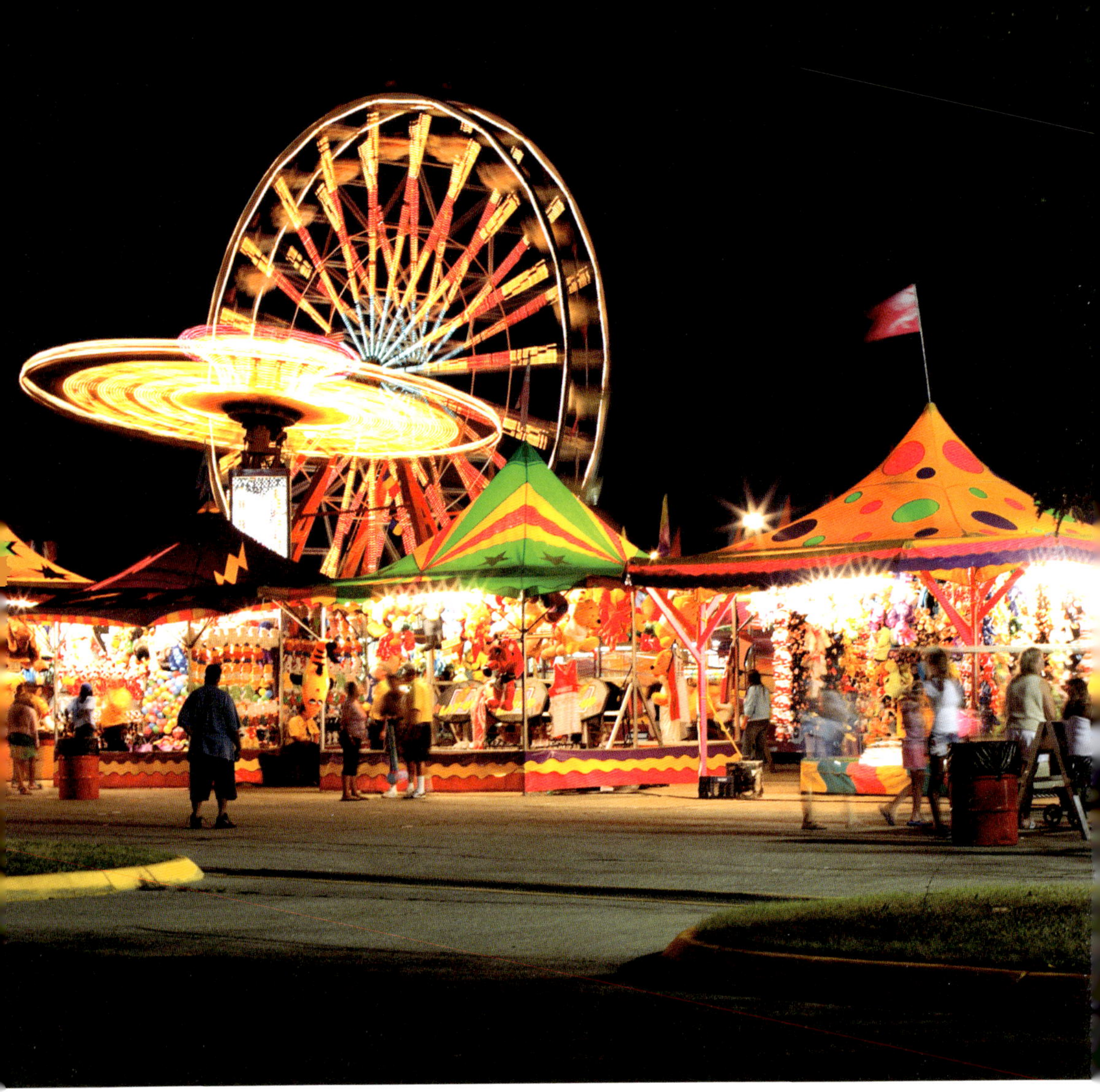

funfair

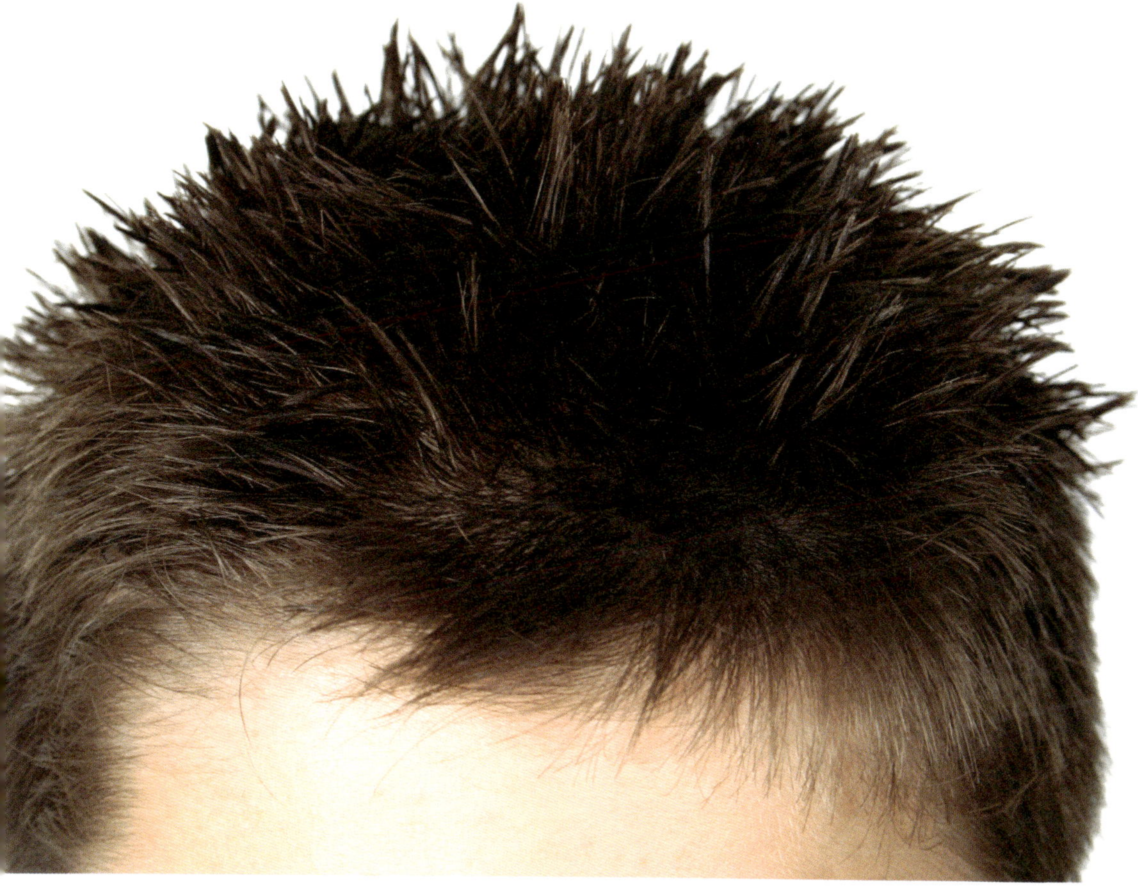

hair

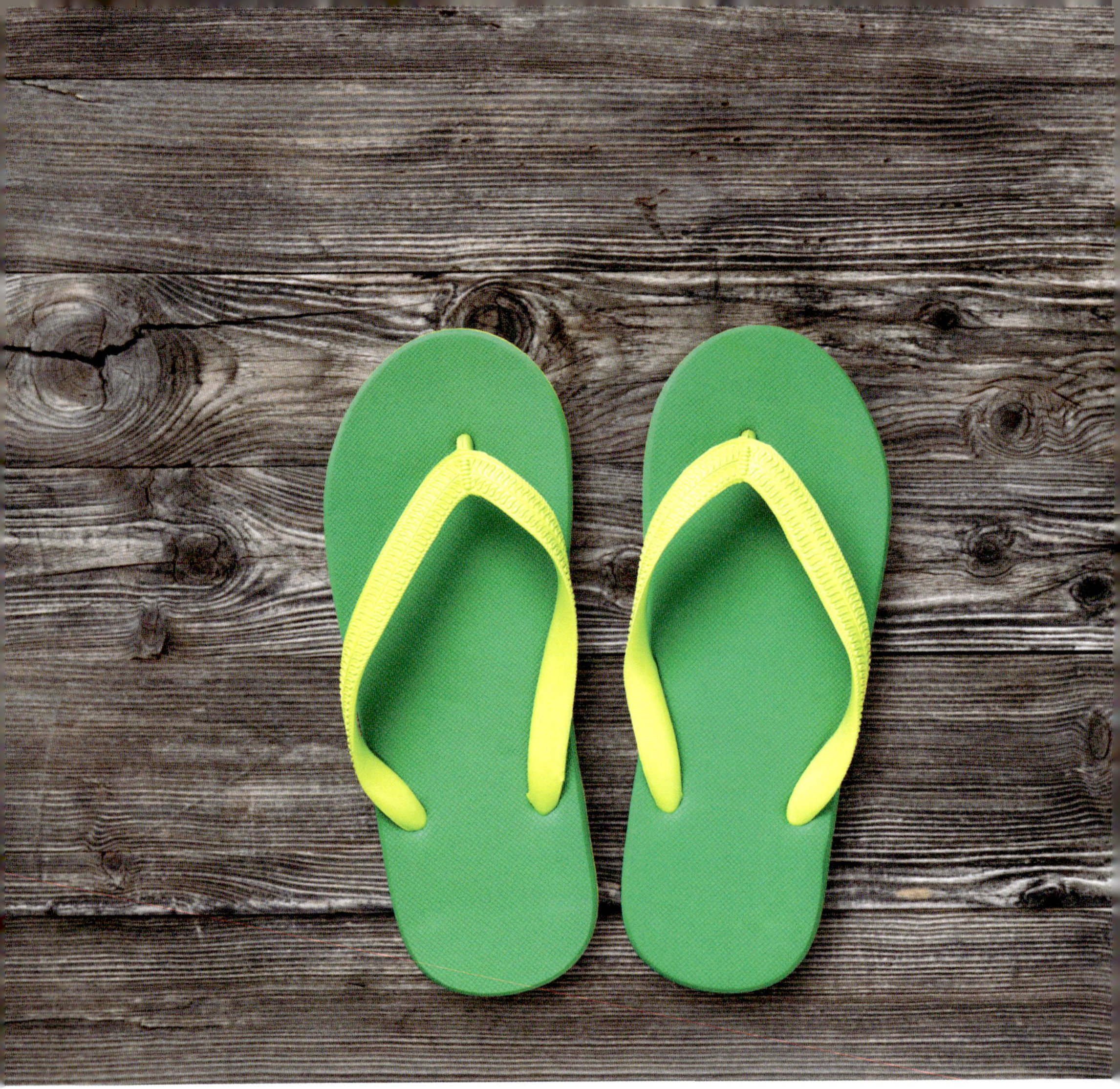

pair

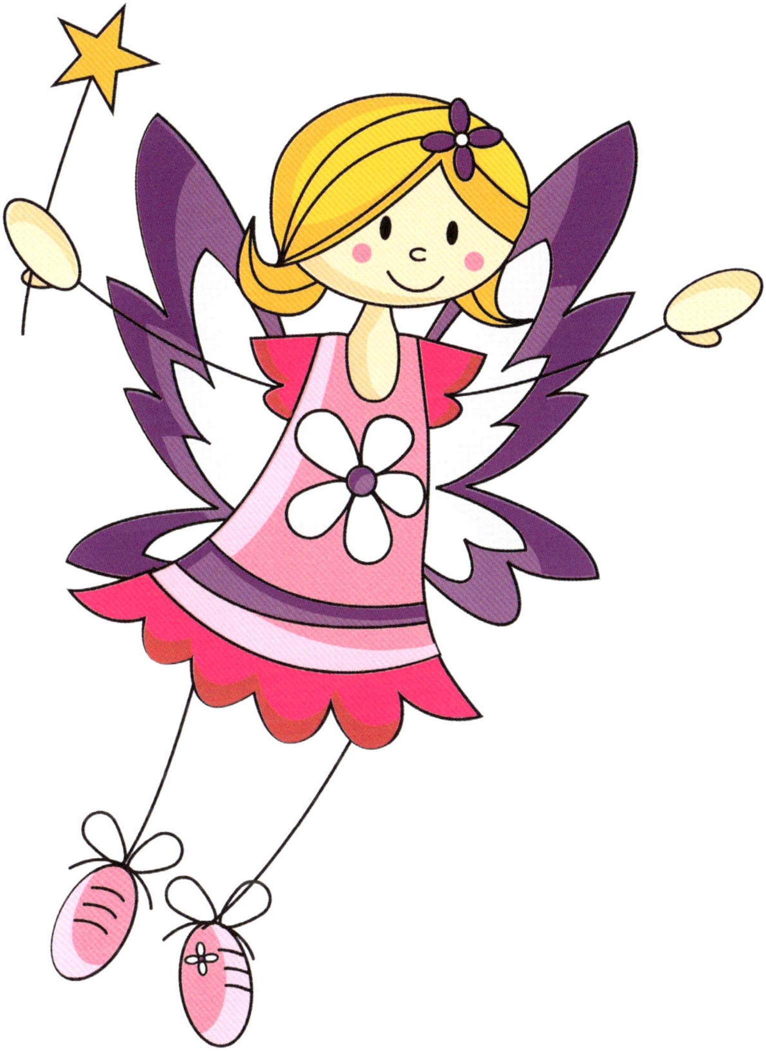

fairy

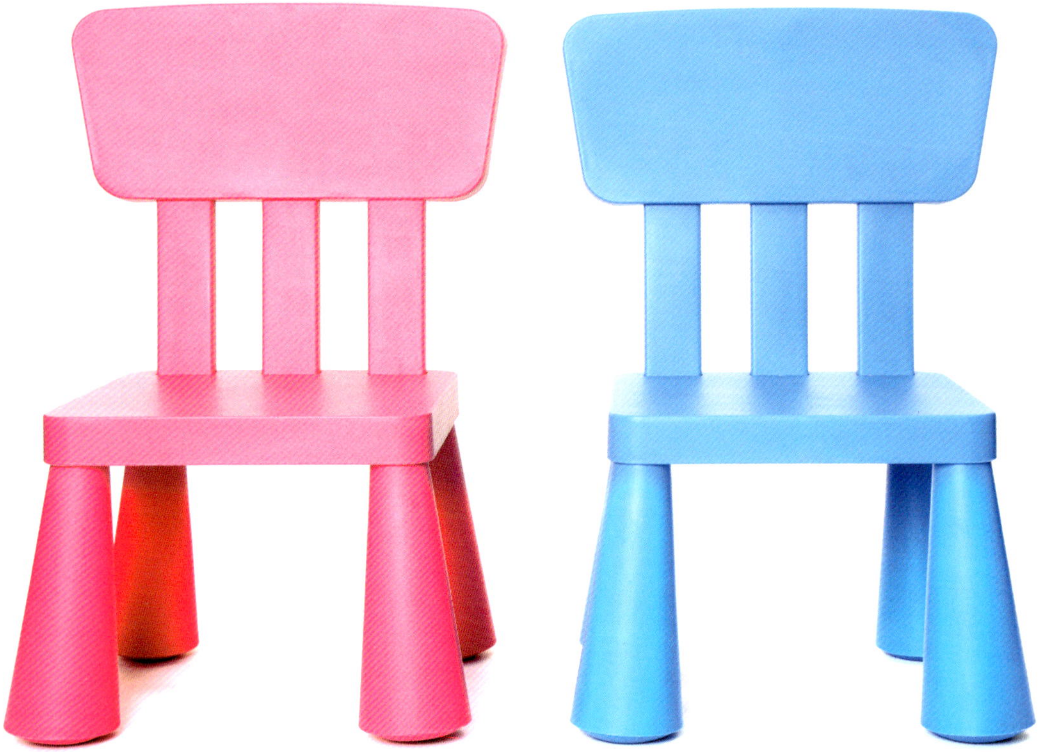

chairs

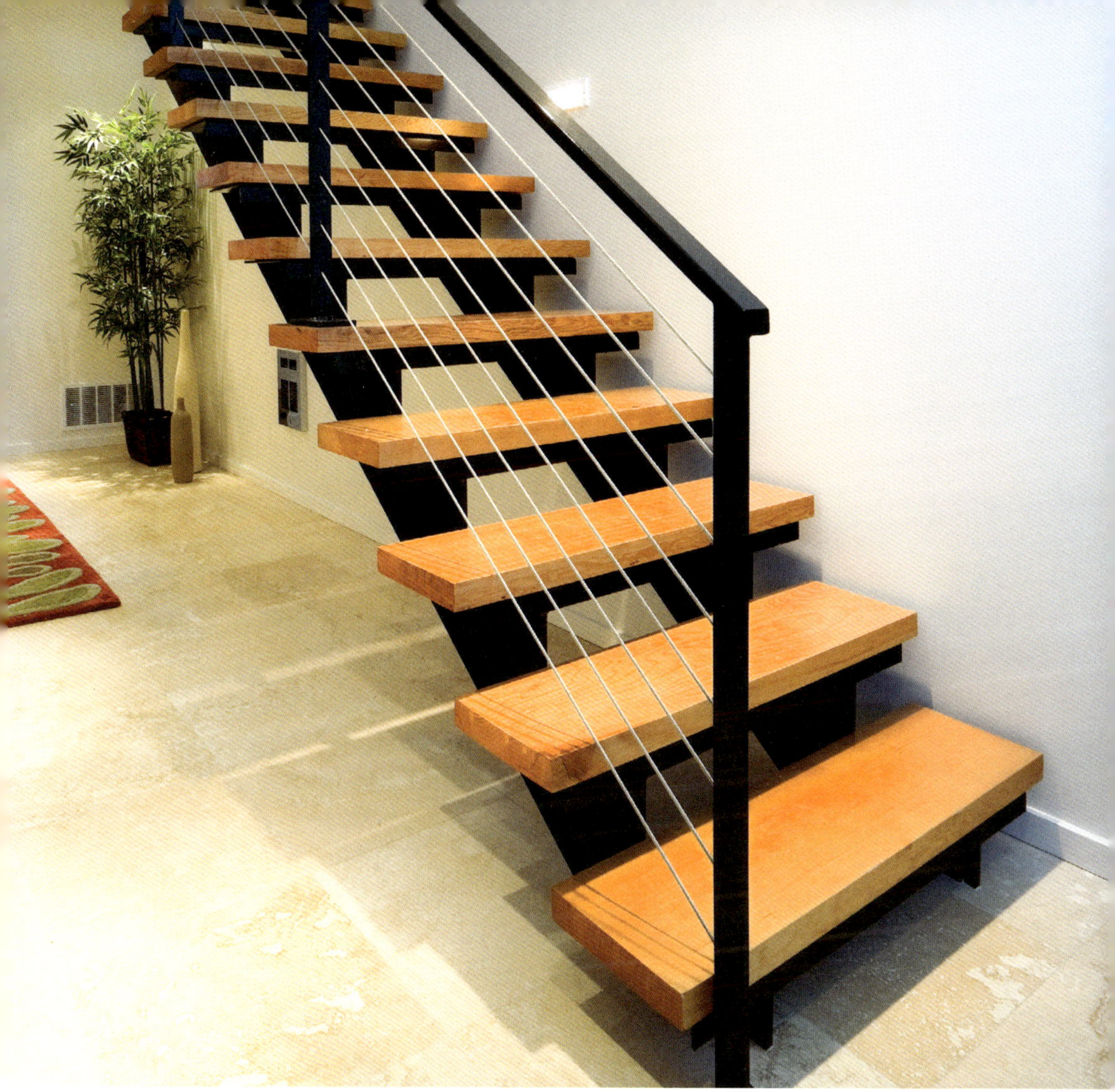

stairs

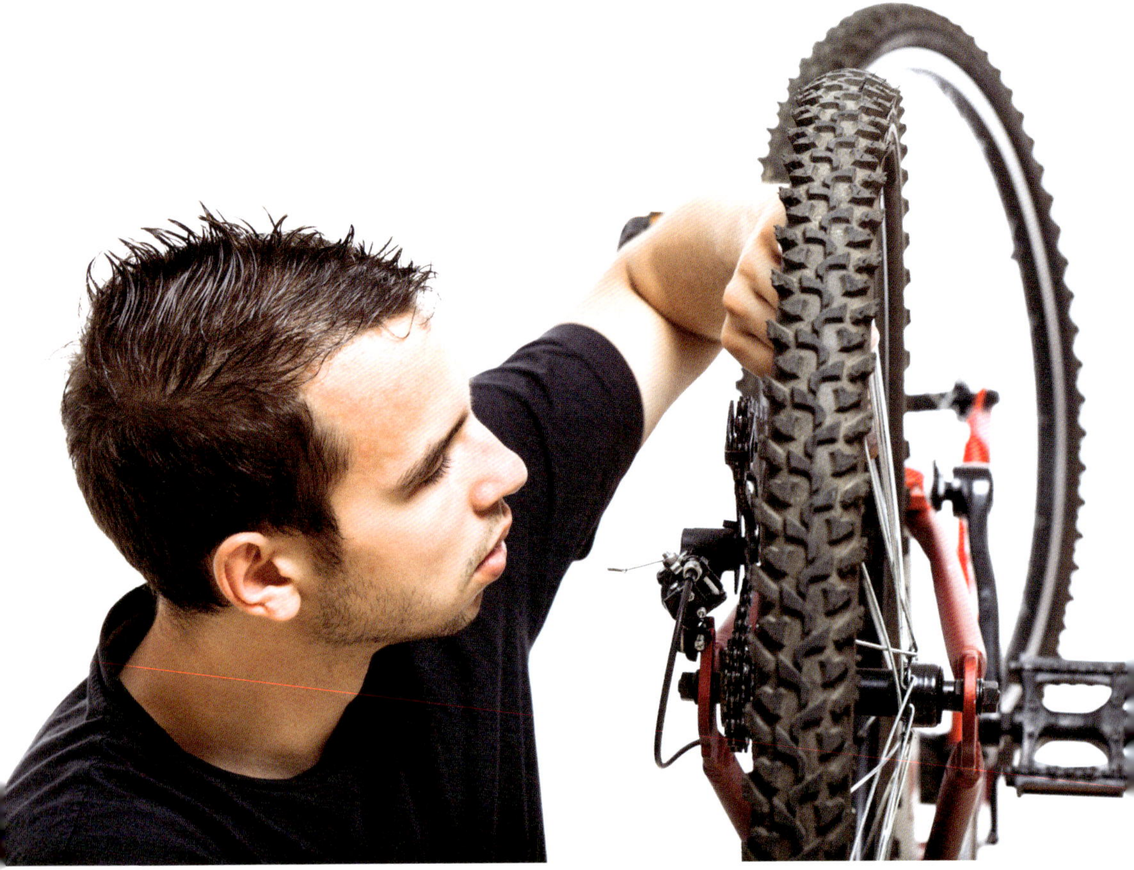

repair

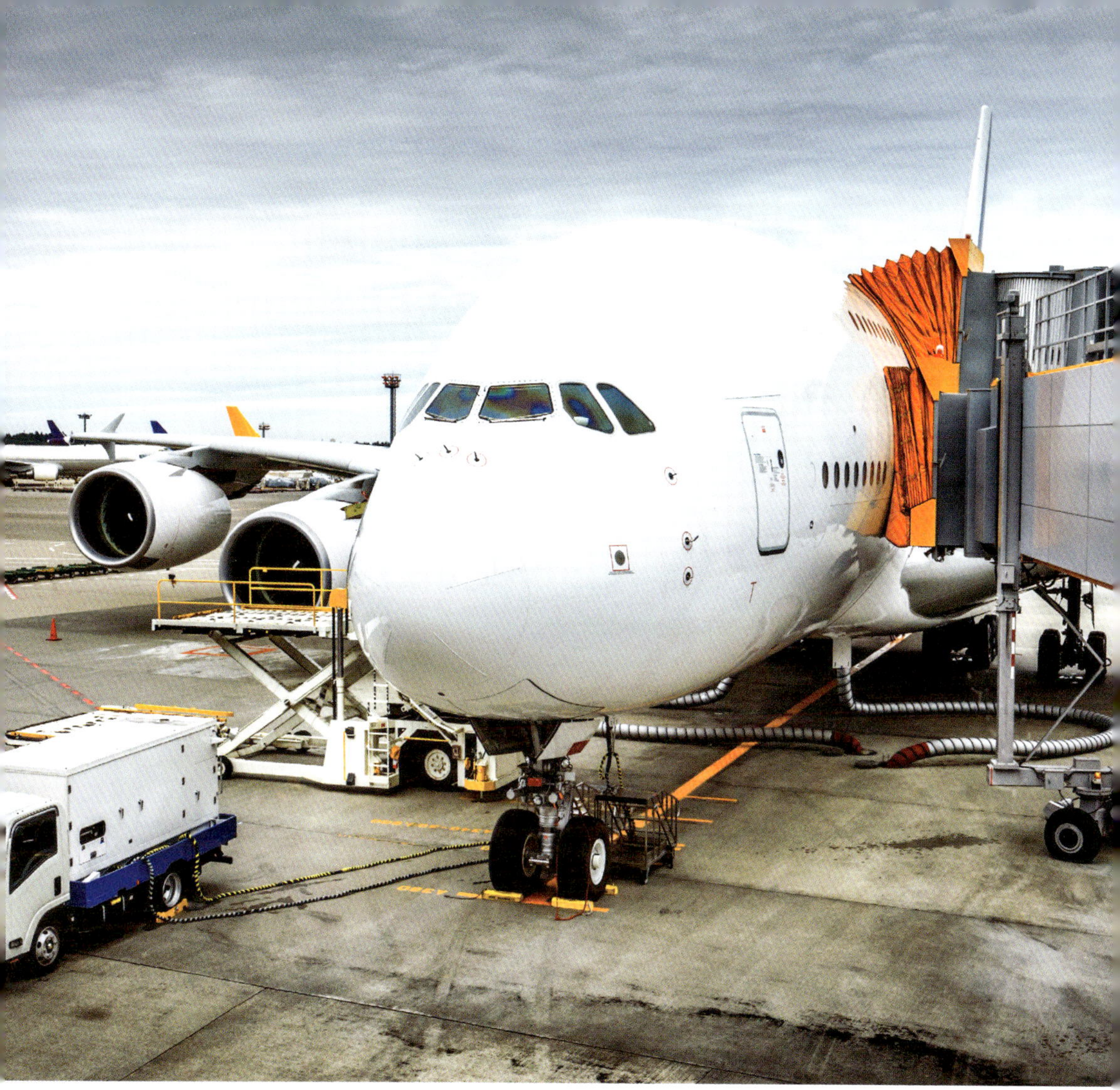

airport

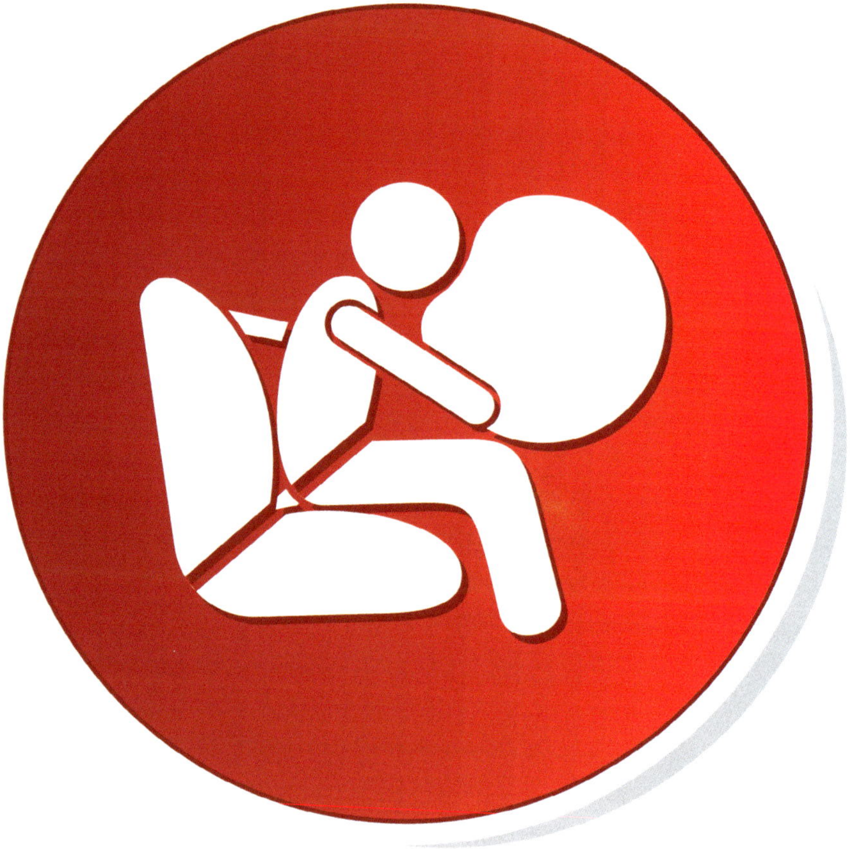

air air

air air

air

funfair

hair

pair

fairy

chairs

stairs

repair

airport